AF728173

6 Juillet 1909

marque P

VENTE

Du Mardi 6 Juillet 1909

HOTEL DROUOT, SALLE n° 6

A DEUX HEURES

SUCCESSION

DE

M. le Prince P. DEMIDOFF

…AIRE DE H. STETTINER

COMMISSAIRE-PRISEUR

Me ÉMILE BOUDIN

EXPERTS

Pour les Meubles et Objets d'art :

MM. PAULME & B. LASQUIN Fils

Pour les Livres :

M. MEYNIAL

CATALOGUE

DES

MEUBLES ET SIÈGES ANCIENS & MODERNES

TABLEAUX, ESTAMPES ANCIENNES

BRONZES D'AMEUBLEMENT, PENDULES

DES ÉPOQUES LOUIS XVI ET EMPIRE

Ameublement de la Maison MAPLE

Sièges recouverts en ancienne Tapisserie d'Aubusson

ARGENTERIE, OBJETS VARIÉS

Tapis d'Orient

ARMES DE CHASSE ET DE PRÉCISION

Le tout dépendant de la Succession de

M. le Prince P. DEMIDOFF

ET DONT LA VENTE AUX ENCHÈRES PUBLIQUES AURA LIEU

HOTEL DROUOT, SALLE N° 6

LE MARDI 6 JUILLET 1909

à deux heures

Me **ÉMILE BOUDIN**, COMMISSAIRE-PRISEUR

14, rue Grange-Batelière

Pour les Meubles et Objets d'Art :	*Pour les Livres :*
MM. PAULME & B. LASQUIN Fils	**M. MEYNIAL**
EXPERTS	LIBRAIRE-EXPERT
10, rue Chauchat | 12, rue Laffitte	30, boulevard Haussmann

PARIS

Chez lesquels se distribue le présent Catalogue

EXPOSITION PUBLIQUE

Le Lundi 5 Juillet 1909 (Salle n° 6), de 2 heures à 5 heures 1/2

CONDITIONS DE LA VENTE

Elle sera faite *au comptant.*

Les adjudicataires paieront *dix pour cent* en sus des enchères.

L'exposition mettant le public à même de se rendre compte de l'état et de la nature des objets, *aucune réclamation* ne sera admise, une fois l'adjudication prononcée.

Paris — Imprimerie de l'Art. Ch. Berger, 41, rue de la Victoire.

DÉSIGNATION

ESTAMPES, TABLEAUX

GOUACHES

1 — *Vue du bain de Cérébreusky et de ses environs à Moscou.*

Gravure en noire.

2 — Deux gravures : *Vues de Moscou et de Pétersbourg.*

3 — Quatre gravures, d'après Sébastien Leroy : *Histoire de Charles Le Grand.*

4 — *L'Enfant perdu et l'Enfant retrouvé.*

Deux gravures anglaises en couleurs.

5 — Deux gravures, d'après Morland, par Smith : *Slave Trade et African hospitality.*

DYCK (Ecole de VAN)

6 — *Enfant symbolisant l'Amour.*
Toile.

ÉCOLE ANGLAISE

7 — *Chasses en Afrique.*
Trois gouaches.

8 — Quatre feuilles d'éventail peintes à la gouache. (Sous verre.)

ARGENTERIE, PLAQUÉ

PORCELAINES, OBJETS VARIÉS

9 — Groupe en faïence blanche, sur socle cylindrique : Sujet mythologique.

10 — Statuette d'ours et deux groupes : Animaux. (Biscuits.)

11 — Statuette de buffle en porcelaine.

12 — Six vases en faïence de Satzuma, à décors de personnages. (Ce lot sera divisé.)

13 — Service de petit déjeuner : plateau, porte-rôties, cafetière, coquetier, etc. ; monture en métal anglais.

14 — Service à wisky en cristal gravé, à décors d'animaux.

15 — Divers services de table.

16 — Nombreux objets en métal : théière, sucrier, pot à lait, carafons, plateaux, etc. (Ce numéro sera divisé.)

17 — Buire en cristal en forme de phoque ; monture en argent.

18 — Vingt-quatre cuillères et vingt-quatre fourchettes en argent partie vermeillée, et vingt-quatre couteaux allant avec ce service.

19 — Sept petites salières rondes et pelles à sel.

20 — Six couverts d'entremets.

21 — Six couverts de table.

22 — Six grands couteaux.

23 — Douze assiettes en vermeil.

24 — Deux bougeoirs en argent doré.

25 — Couvert de table en argent russe.

26 — Garniture de boite à allumettes.

27 — Petite coupe en bronze damasquiné.

28 — Gobelet en argent émaillé.

29 — Boite à cigares, avec armoiries.

30 — Boite ronde à quatre pieds en argent guilloché.

31 — Trois sébilles rondes, à décors de fleurs en reliefs et de signes du Zodiaque.

32 — Bougeoir à cire en argent.

33 — Baguier ovale en argent, intérieur vermeil, à décor d'oiseau et grappe de raisin.

34 — Baguier ovale en argent, intérieur vermeil uni.

35-36 — Accessoires de toilette en argent. (Ce numéro sera divisé.)

37 — Sac-nécessaire de voyage, avec flacons et boîtes ; garniture en argent.

38 — Coffret en bronze émaillé.

39 — Petit vase genre Médicis en argent, à décors de médaillons de femmes et de sphynx.

40 — Statuette de Catherine de Russie à cheval.

41 — Chien épagneul couché.

42 — Étui formé d'une dent d'hippopotame.

43 — Verre à pied en vermeil, décors à feuilles de lauriers.

44 — Petit verre en argent vermeillé, à médaillons d'amours bacchants.

45 — Encrier plat en argent à quatre compartiments.

46 — Trois gobelets à six pans en argent, à décors de fruits.

47 — Morceau de marbre malachite.

48 — Petit singe en bronze argenté.

49 — Boite à cigares en érable ; garniture d'argent.

50 — Couteau de chasse en acier gravé, fourreau en argent vermeillé.

51 — Trois statuettes en ivoire : Musiciens, et trois statuettes en ivoire : Reitres.

52 — Vérascope *Richard.*

53 — Cinématographe de la *Maison Mackenstein.*

54 — Sous-main à dessus en argent, orné d'un bouquet de fleurs.

55 — Bouton électrique en matière dure ; monture en argent doré.

56 — Deux grandes lampes en faïence émaillée verte, à décors de roseaux ; monture en bronze.

57 — Appareil d'expérience en cristal à facettes, sur socle en bois, ornements-appliques en bronze. Époque Empire.

58 — *Le Baiser.* Statuette de fillette en marbre blanc.

BRONZES D'ART

ET D'AMEUBLEMENT

PENDULES, GUÉRIDONS

59 — Paire de chenets en bronze patiné et doré : Sphinx sur une terrasse. Style Louis XVI.

60 — Paire d'appliques à deux lumières en bronze, ornées de plaques en biscuit. Style Louis XVI.

61 — Deux paires d'appliques à deux lumières, modèle au caducée, en bronze ciselé et doré. XVIIIe siècle.

62 — Paire de flambeaux-cassolettes à trépieds en bronze. Fin du XVIIIe siècle.

63 — Pendule en marbre rouge, bronze patiné et doré : Figure de Vestale et amour près d'un autel antique portant le mouvement. Fin du XVIIIe siècle.

64 — Important socle à musique en bronze ciselé et doré, décor de cariatides et de rinceaux feuillagés avec griffons. Époque fin Louis XVI.

65 — Guéridon reposant sur neuf colonnettes en bronze ciselé et doré; le dessus avec cadran d'une horloge marquant les jours, heures, mois. quantièmes, etc. Époque Empire.

66 — Petite pendule en bronze patiné et ornements appliques en bronze doré. *Maison Bréguet.* Époque Empire.

67 — Paire de candélabres à sept lumières en bronze ciselé et doré : Groupe de trois femmes, sur socle cylindrique. Époque Empire.

68 — Importante pendule en marbre rouge et bronze doré, avec figures allégoriques, frises en bas-relief. Marqué *de Ravrio.* Époque Empire.

69 — Pièce de milieu de surtout formant lampadaire, à douze lumières supportées par trois statuettes de femmes, sur socle-fût de colonne orné de guirlandes et bustes de profil. Époque Empire.

70 — Guéridon en bronze doré à trépied ; dessus mosaïque de marbre. Époque Restauration.

71 — Paire de candélabres à deux lumières en bronze patiné et bronze doré, formés d'une statuette de femme égyptienne. Époque Empire.

72 — Galerie de foyer en bronze doré et bronze patiné, ornée de sphinx. Époque Empire.

73 — Grille en cuivre poli, formant devant de foyer.

74 — Galerie de cuivre avec pelle et pincettes.

75 — Pendule électrique.

76 — Groupe en bronze : Piqueur au relais, de Moreau-Lecourtier.

77 — Chien épagneul en bronze patine verte.

78 — Cerf, bronze, de Pallenberg.

79 — Statuette chinoise en pierre de lard.

80 — Corne de bélier, montée en boîte à allumettes.

81 — Jardinière en bronze doré, supportée par deux nègres en bronze.

82 — Petite lampe électrique de chevet en bronze doré et veilleuse électrique ; monture en bronze doré.

ARMES

83 — Fusil de chasse Hammerless, calibre 12, canon de Krupp.

84 — Fusil de chasse, percussion centrale, calibre 12, canon de Liège. *Rouzé fils, à Liège, armurier.*

85 — Fusil de chasse Hammerless, calibre 12, canon de Liège. *Larderet, armurier, à Saint-Pétersbourg.*

86 — Deux fusils de chasse Hammerless, calibre 12. *Purdey, armurier, à Londres.*

87 — Deux carabines de chasse de précision. *Purdey, armurier, à Londres.*

88 — Carabine de chasse. *Sprinzer Erben, armurier, à Vienne.*

89 — Fusil de chasse Hammerless, calibre 12. *Purdey, armurier, à Londres.*

90 — Cinq carabines de chasse de précision, de *chez Purdey, armurier, à Londres.* (Ce numéro sera divisé.)

MEUBLES ET SIÈGES

SIÈGES RECOUVERTS EN TAPISSERIES ANCIENNES

91 — Secrétaire en acajou, ouvrant à abattant, et deux portes, colonnettes d'angle ; intérieur en citronnier, décoré de motifs en bronze, guirlandes, palmettes, etc. Dessus de marbre. Époque Empire.

92 — Meuble-toilette avec glaces en acajou sculpté en partie doré, époque Louis XVI, ouvrant à tiroirs et surmonté d'un fût de colonne formant armoire portant une glace au centre de deux vases décoratifs.

93 — Grand bureau, surmonté d'un cartonnier, en bois verni incrusté de filets de cuivre, à console têtes de lions engainés, à pieds griffes. Ornementation de bronze doré. Époque Empire.

94 — Deux chaises en bois sculpté peint blanc, dossier à colonnettes. Époque Directoire.

95 — Mobilier de salon, composé de six fauteuils en ancienne tapisserie d'Aubusson, à bouquets de fleurs sur fond jaune, contrefond rouge à rosaces; bois en acajou. Époque Empire.

590 Bureau cylindre L XVI en acajou et cuivre

1.950 96 — Mobilier de salon, comprenant un canapé d'encoignure, cinq fauteuils en acajou, accotoirs à têtes de béliers en bronze, recouverts de soierie jaune. Époque Empire.

97 — Deux petites chaises en bois, à pieds de biches. Époque Empire.

230 98 — Fauteuil en acajou, à col de cygne. Époque Empire.

350 99 — Grand bureau-ministre en acajou verni, avec tiroirs de côté et armoire sur la double face.

100 — Deux bibliothèques ouvertes, d'encoignure, en acajou verni.

101 — Deux tables à volets en acajou verni, à filets de citronnier.

575 102 — Ameublement de salle à manger, comprenant deux buffets, une table avec allonges et six chaises.

118 103 — Bibliothèque tournante en acajou verni, avec filets de cuivre.

104 — Petite table carrée en acajou verni.

105 — Guéridon rond en peau de rhinocéros.

106 — Table carrée en noyer verni ; dessus de drap vert.

107 — Deux tables carrées en peau de rhinocéros.

108 — Meuble d'antichambre, à tiroirs, en acajou verni, à filets de citronnier.

109 — Meuble, contenant un service à soda, en acajou verni, à filets de citronnier.

110 — Table carrée en peau de rhinocéros.

111 — Petite table-étagère en acajou verni, à côtés ajourés.

112 — Petite table-étagère en acajou verni.

113 — Deux grands fauteuils en bois de citronnier, recouverts en velours ciselé vert.

114 — Petite table ovale en bois satiné ; dessus de marbre vert de mer et galerie de cuivre.

115 — Table à coiffer en chêne clair, avec tiroirs ; dessus de glace.

116 — Armoire d'encoignure en chêne clair, à deux portes en glace, avec tiroirs et tablettes intérieures.

117 — Grande armoire porte-manteau en chêne clair, avec trois portes en glace.

118 — Glace à trois faces.

119 — Grande armoire anglaise porte-manteaux en acajou verni et citronnier, à deux portes en glace.

120 — Armoire anglaise en sapin verni, à une porte en glace.

121 — Table à thé en acajou verni, avec plateau en glace; monture en métal.

122 — Table à coiffer en acajou verni, avec glace psyché.

123 — Commode en acajou verni, de style anglais.

124 — Armoire anglaise en acajou verni, à une porte en glace.

125 — Grand fauteuil capitonné en maroquin.

126 — Deux chaises cannées en acajou verni.

127 — Toilette en acajou verni, à dessus de marbre.

128 — Chaise-fumeuse en maroquin rouge.

129 — Lit en cuivre pour une personne, avec sa literie.

130 — Petit meuble-bureau à abattant, avec tiroirs formant chiffonnier, en acajou verni, filets citronnier.

131 — Petite table carrée en acajou verni.

132 — Grand canapé capitonné en maroquin rouge.

133 — Fauteuil semblable.

134 — Fauteuil, dossier à renversement, en acajou verni, avec coussins en maroquin rouge.

135 — Fauteuil en cuir vert d'eau.

136 — Grand fauteuil de bureau en acajou canné, avec coussins en maroquin rouge.

TAPIS, TENTURES

137 — Carpette orientale, dessins réguliers, fond rouge.

138 — Carpette d'Orient, à dessin géométrique et baguettes bleues, fond rouge.

139 — Deux carpettes du Daghestan, à fond rouge.

140 — Très grand tapis, à dessins, de style Empire.

141 — Tapis du Daghestan, à décors de losanges.

142 — Grande carpette d'Orient.

143 — Deux grands rideaux en velours de Gênes, fond rouge.

144 — Deux grands rideaux de baie et deux rideaux de fenêtre en satinette bleue à fleurettes jaunes.

145 — Deux rideaux de fenêtre en soie bleue claire.

146 — Deux grands stores et quatre brise-bise en filets et carrés de Venise.

147 — Nombreux coussins en étoffe brodée. Époque Louis XVI. (Ce lot sera divisé.)

148 — Objets non catalogués.

LIVRES

149 — **Nombreux volumes** sur les Beaux-Arts, la Littérature et l'Histoire.

150 — **Nombreux ouvrages** sur les Voyages, Explorations, la Chasse en Russie et en Afrique, etc.

151 — Dictionnaires, etc.

152 — **Dante**. La Divina Comedia. *Venegia, 1757*. Fig. 4 vol.

153 — **La Fontaine**. Fables. *1755*. Fig. d'Oudry. Tomes 1 et 2, in-fol., veau.

154 — **Tableaux historiques de la Révolution française**. *Paris. 1798*. 4 volumes avec le texte révolutionnaire.

Bel exemplaire.

155 — **Demidoff**. Voyage dans la Russie méridionale. In-fol., fig. de Raffet.

156 — **L'Œuvre complet de Rembrandt**, par Wilhem Bode. *Paris, Sedelmeyer, 1897*. 8 vol. in-fol., maroquin brun, filets, dos ornés.

Un des 15 exemplaires sur papier du Japon.

No 59 f. 181

www.ingramcontent.com/pod-product-compliance
Ingram Content Group UK Ltd.
Pitfield, Milton Keynes, MK11 3LW, UK
UKHW032032260826
14628UKWH00006B/2902

9 782329 501499